Herbert-Werner Mühlroth
Ioan Milea

LIEBEN IGEL KATZENFUTTER?
IUBESC ARICII HRANA DE PISICI?

Herbert-Werner Mühlroth
Ioan Milea

Lieben Igel Katzenfutter?
Iubesc aricii hrana de pisici?

Gedankenblitze und Spiegelungen
Fulgurări și refulgurări

EDITION
Noack
Block

Umschlagabbildung: Ivica Matijević, *Nachts auf der Terrasse*

ISBN 978-3-86813-079-9
ISBN E-Book 978-3-86813-925-9

Herstellung durch Edition Noack & Block in der Frank & Timme GmbH,
Wittelsbacherstraße 27a, 10707 Berlin.
Printed in Germany.
Gedruckt auf säurefreiem, alterungsbeständigem Papier.

www.noack-block.de

Vorwort

Es fing damit an, daß Gudrun mir sagte, die Igel finden kein Fressen mehr, sie suchen sogar noch, wenn es hell wird. Es hatte schon seit drei Monaten nicht mehr geregnet, die Igel fanden einfach kein Futter mehr. Vor zwei Jahren hatten wir schon mal einen Igel durch den Winter gebracht – mit Katzenfutter. Ich hatte ihm damals ein Igelhaus gebaut und Katzenfutter hineingestellt.

Erst kamen zwei erwachsene Igel zum Futternapf. Nach einigen Tagen kam dann auch ein halbwüchsiger Igel hinzu. Schließlich kam noch ein vierter Igel, der aus einer anderen Richtung kam als von dem Reisighügel, den wir im Garten für die Igel überlassen haben.

Das Ausbringen des Katzenfutters wurde uns zum Ritual. Erst zierten sich die Igel noch, aber es dauerte nicht lange, da spazierten sie wie selbstverständlich über die Terrasse. Die Igel merkten schnell, daß das Katzenfutter ihnen helfen kann, diesen schrecklich dürren Sommer zu überstehen. Als es dunkel wurde, warteten sie bereits auf ihr Katzenfutter. Bisweilen versteckten sie sich unter dem Flieder oder im Schuppen, damit sie den Weg zu Katzenfutter verkürzten.

Ich schrieb ein paar Igel-Haikus und sandte sie an meinen Freund Ioan. Dieser war sofort Feuer und Flamme und antwortete ebenfalls in der Igelsprache. Und so entspannte sich nach und nach ein Dialog in der Igelsprache zwischen Deutschland und Rumänien. Nach und nach erstreckte dieser sich in unterschiedliche Lebens- und Denkbereiche hinein und erfaßte schließlich sogar unsere gemeinsame Vergangenheit im kommunistischen Rumänien.

Und so fasse ich zusammen:

Die Haikus haben
sich bei den Igeln
eingenistet.

Die Igel haben
sich in den Haikus
eingenistet.

Durch den Haiku
haben die Igel
eine Stimme.

Die Igel haben auch
eine Igeliologie:
Katzenfutter.

Was bleibt noch zu sagen? Nur soviel, daß ebenso wie im vorherigen dichterischen Dialog zwischen Ioan und mir (*Gedankenblitze und Spiegelungen / Fulgurări și refulgurări*, Berlin, 2018), nicht der gesamte Kanon des Haiku zur Anwendung kommt, vielmehr stellen diese „Gedankenblitze", Geistesfunken des einen Dichters dar, welche sich jeweils in dem anderen Dichter spiegelten und dadurch eine mehr oder minder persönliche Note erhielten. Desgleichen kann man hierbei nicht eigentlich von Übersetzungen sprechen, sondern eben von „Spiegelungen", freien und bisweilen sehr freien Übertragungen, bis hin zur völligen Neuschaffung. Als Ausdruck der geistigen Nähe stellen die Gedichte des einen Dichters lyrische Antworten dar, welche durch die Gedichte des anderen inspiriert wurden. Und dies, vor dem Hintergrund, daß dieser lyrische Dialog von zwei Menschen in zwei Sprachen geführt wird: Deutsch und Rumänisch. Die Sprachen haben, wie wir wissen, ihre eigenen Gedankenblitze, die unseren Geist in glücklichen Augenblicken erhellen.

Herbert-Werner Mühroth

Cuvânt înainte

Totul a început în momentul în care Gudrun mi-a spus că aricii nu mai găsesc mâncare deloc, că o caută chiar pe lumină. Nu mai plouase de trei luni, pur și simplu nu mai găseau mâncare. Încă în urmă cu doi mai trecusem prin iarnă un arici – cu hrană pentru pisici. Îi construisem atunci o căsuță pentru arici și pusesem în ea hrană pentru pisici.

Mai întâi au venit la tava cu mâncare doi arici mari. După câteva zile li s-a alăturat unul mijlociu. La urmă, a sosit și un al patrulea, care venea din altă direcție decât mormanul de vreascuri pe care îl lăsasem în grădină tocmai pentru arici.

Hrănirea cu hrană pentru pisici a devenit pentru noi un ritual. La început, aricii se codeau, dar nu a durat mult până să se plimbe firesc pe terasă. Aricii au înțeles repede că hrana pentru pisici îi poate ajuta să treacă vara asta cumplit de secetoasă. Când se făcea întuneric, își așteptau deja hrana pentru pisici. Până atunci se ascundeau sub liliac sau în șopron ca să scurteze drumul până la ea.

Am scris câteva haiku-uri cu arici și i le-am trimis prietenului meu Ioan. Acesta s-a aprins repede și a răspuns la rândul lui pe aricește. Și astfel s-a legat un dialog în aricească între Germania și România. Încetul cu încetul, acesta s-a extins și în alte sfere ale vieții și gândirii și a atins până și trecutul nostru comun din România comunistă.

Ca să rezum:

Haiku-uri acum
își au cuib
la arici.

Aricii și ei
s-au cuibărit în
micul haiku.

În haiku și aricii
capătă
glas.

Și Igel-aricii au
o igeliologie:
Katzenfutter.

În rest, ce ar mai fi de spus? Doar atât că, la fel ca în precedentul dialog poetic dintre mine și Ioan (*Gedankenblitze und Spiegelungen / Fulgurări și refulgurări*, Berlin, 2018), nu am urmat toate canoanele haiku-ului, minipoemele pe care ni le-am adresat fiind, mai degrabă, „fulgurații", scăpărări meditative care, ajunse în oglinda celuilalt, au devenit, la rândul lor, reflexii mai mult sau mai puțin personale. Ele nu s-au dorit a fi traduceri propriu-zise, ci, mai degrabă, „refulgurări", tălmăciri libere, uneori foarte libere, până la recrearea totală. Țintind o apropiere în spirit, ele rămân poeme-răspuns, poeme inspirate de alte poeme. Dar aceasta nu fără conștiința că dialogul lor liric implică nu doar doi oameni, ci, prin ei, și două limbi: germana și româna. Iar limbile au, cum știm, propriile lor fulgurații, pe care, în clipele fericite, ajungem să le culegem, iluminându-ne și noi.

Herbert-Werner Mühlroth

De ce minipoeme?

Ce sunt aceste mici poeme, dacă poeme sunt? Poate doar atât: fulgurante momente de trezie mirată, punți pe care, străbătându-l, tăcerea de dinainte de cuvânt ajunge la tăcerea de după cuvânt. Şi cine e cel ce vorbeşte sau ascultă în ele? E cel de alături, drept ca o lumânare şi mlădios precum flacăra ei. Cel adiat de zvonul ființial al lucrurilor. Cel ce aşteaptă clipa în care ochiul, mintea şi inima se apropie până la a fi una. Pe scurt, e el, iubitorul de haiku.

Ce înseamnă pentru mine haiku-ul? Cândva mi-am răspuns: haiku-ul e mitul clipei golite de timp. Sau: haiku-ul e glasul cel mai suav al nimicului. Dar poate că acum s-ar cuveni să adaug: pentru mine, care nu sunt un haijin, ci un simplu haikofil, micul poem e promisiunea de a putea regăsi, prin sclipătul unei intuiții minimal exprimate, acel profund şi tainic echilibru între tăcere şi cuvânt pe care poezia vremii noastre pare a-l fi pierdut.

Ioan Milea

Warum Minigedichte?

Was sind diese kleinen Gedichte, wenn sie überhaupt Gedichte sind? Vielleicht bloß aufblitzende Momente des Hellwachseins, Brücken, auf welchen, es durchziehend, das Schweigen vor dem Wort zum Schweigen nach dem Wort wird. Und wer ist es, der in ihnen spricht oder zuhört? Es ist der Nächste, gerade wie eine Kerze und biegsam wie dessen Flamme. Der vom existentiellen Gerücht der Dinge Angehauchte. Der, der den Moment erwartet, in dem Auge, Verstand und Herz sich zu einer Einheit nähern. Kurz gesagt, es ist der Liebhaber des Haiku.

Was bedeutet für mich der Haiku? Irgendwann habe mir selbst geantwortet: Der Haiku ist der Mythos des zeitentleerten Augenblicks. Oder: Der Haiku ist die sanfteste Stimme des Nichts. Jetzt müßte ich wahrscheinlich hinzufügen: Für mich, der ich kein Hai jin , sondern bloß ein Haikophiler bin, ist das Minigedicht das Versprechen, dieses tiefe und geheimnisvolle Gleichgewicht zwischen Schweigen und Wort durch das Aufleuchten einer minimalistisch ausgeformten Intuition wiederzufinden, das die Dichtung unserer Zeit anscheinend verloren hat.

Ioan Milea

HERBERT-WERNER MÜHLROTH

an

(către)

IONA MILEA

Zum Abschluß des Tages
füttere ich
meine Igel.

„Mi casa es su
casa“. Willkommen, ihr Igel!
Labt euch! Überlebt!

Jeden Abend warten
drei Igel geduldig
auf Katzenfutter.

Die Igel kehren
mir den Rücken. Freßsucht
oder Anflug von Vertrauen?

In meinem Rücken
schmatzt der Igel. Ich: Froh
solcher Billigkeit.

Pe înserat
atâta mai fac:
îmi hrănesc ariciul.

„Mi casa es su
casa“. Aricilor,
bine-ați venit!

Trei arici răbdători
seara-și așteaptă
hrana de pisici.

Mi-au întors spatele
aricii. Lăcomie
sau pic de încredere?

Plescăie ariciul
în spatele meu. Eu:
bucuros de-aprobare!

Der kleine Igel
rennt noch weg, wenn er sein Katz-
enfutter bekommt.

Friedlich speisen zwei
Igel aus einem Teller des
Doppelnapfes.

Den einen Teller
geleert, widmen sie sich dem
anderen Teller.

Die Katze hüpfte
hoch, als der Igel sie leicht
von hinten anschupste.

Mit dem Katzenfutter
kann man auch die Borsten
der Igel streicheln.

Micul arici
încă fuge când capătă
hrană de pisici.

Paşnic mănâncă
doi arici dintr-o tavă
a tăvii duble.

Când farfuria-i
gata, ei trec la
altă farfurie.

Pisica sări
în sus, când ariciul
o înghionti.

Cu Katzenfutter
poţi mângâia chiar
ţepii aricilor.

Noch ist's nicht dunkel,
aber der kleine Igel
wartet schon am Napf.

Das Schmatzen der Igel:
Ein wenig Balsam
für die Seele.

Wäre meine Seele
ein Igel, könnte
sie fliegen.

Katzenfutter hilft
gegen den Klimawandel.
Sagen meine Igel.

Die Igel sorgen
im Sommer bereits
für den Winter.

Nici nu-i întuneric
și micul arici
își așteaptă tăvița.

Plescăitul aricilor:
balsam
pentru suflet.

Dacă sufletul meu
ar fi un arici,
sigur ar zbura.

Katzenfutter combate
schimbările climei,
zic aricii mei.

Deja de cu vară
duc grija iernii
și aricii.

Hätte ich nur die
Stille der satten Igel
in meinen Träumen.

Jeden Abend erobern
die hungrigen Igel
die Terrasse.

Pikiert verließ die
Katze den Napf. Der kleine
Igel drängelte.

Heute Abend kann ich
mich nur in der Igelsprache
verständigen.

Neulich fragte mich der kleine
Igel: Papa, ist das Essen
schon fertig?

Ah, de-aş avea
în visele-mi liniştea
ariciului sătul!

În fiece seară
aricii flămânzi
subjugă terasa.

Pisica jignită
lăsă tava. Micuţul
arici a dat buzna.

În seara aceasta
nu pot vorbi
decât ariceşte.

Iar m-a-ntrebat
micul arici: e gata,
tăticule, papa?

Der kleine Igel
wartete unterm Flieder auf
die zweite Dose.

Die Igel finden
kein Futter mehr wegen der
extremen Dürre.

Ich weiß. Gerade
deswegen füttern wir sie
mit Katzenfutter.

Zwei Igel vertragen sich.
Der Dritte ist
ein Stinkstiefel.

Der Hunger und die
Hand, die füttert: Zwei Argu-
mente für Vertrauen.

Micul arici
sub liliac aştepta
porţia a doua.

Secetă mare.
De-aceea aricii
nu-şi găsesc hrană.

Ştiu. Fiindcă-i secetă
ne putem bucura
că hrănim aricii.

Doi arici se-nţeleg
bine. Al treilea e tare
urâcios.

Foamea şi mâna
ce hrăneşte: motive
de încredere.

Die Igel glauben,
Katzenfutter wächst
auf den Bäumen.

Kann die zweite Katzen-
futterdose nicht schneler
geöffnet werden?

Heute kam ins
Revier: Igel
Nummer Vier.

Hui! Eine Schlange! Reißaus
nahm der kleine Igel
vor dem Gartenschlauch.

Der letzte Igel,
den Ioan gesehen hat,
lag tot auf der Straße.

Aricii cred că
hrana lor de pisici
pică din cer.

Aricii: „Nu poți
deschide mai iute
a doua cutie?"

Apăru în sector
un nou locatar:
arici number four.

Hopa! Un șarpe!
Și fuge micul arici
de furtunul grădinii.

Ultimul arici
văzut de Ioan:
călcat de-o mașină.

Gudrun fragt mich:
Hast du die Stachelschweine
schon gefüttert?

Der Igel geht am
fressenden Kater vorbei
zum Katzenfutter.

Stinkstiefel bedeckt
den Napf mit seinem Körper.
Paul ist hartnäckig.

Derweil frißt Linda
allein und seelenruhig
an dem Doppelnapf.

Stinkstiefel gibt auf.
Nun fressen sie beide schnell
und um die Wette.

Gudrun mă-ntreabă:
deja ți-ai hrănit
purcelușii spinoși?

Pe lângă motanul
ce mănâncă se duce la
Katzenfutter ariciul.

Urâciosul acoperă
tăvița cu corpul, dar
Paul nu se lasă.

Linda mănâncă-ntre
timp, singură, în liniște,
din tava dublă.

Urâciosul cedează.
Și acum amândoi
halesc pe-ntrecute.

Die drei Katzen nehmen
den täglichen Einfall
der Igel gnädig hin.

Die Igel wissen:
schon längst: Terrasse
bedeutet Katzenfutter.

Schon lange denkt kein
Igel mehr daran,
sich vor uns einzuigeln.

Du kannst die Tages-
zeit nach den hungrigen
Igel stellen.

Die Igel haben noch
Verwandte, die ich
bisher nicht kannte.

Cele trei mâțe-i
primesc zilnic pe-arici cu
bunăvoință.

Știu aricii demult:
terasă înseamnă
Katzenfutter.

Aricii demult
nu se mai fac
ghem în fața noastră.

Îți spun în ce ceas
al zilei te afli
aricii flămânzi.

Aricii, se pare,
au și rude de care
habar nu aveam.

Sagt Igel 4:
„Endlich wieder Futter,
alles ist in Butter.“

Paul sagt: Würdest du
den Dosenöffner kennen,
würdest du nicht rennen.

Ein Segen in dieser
Zeit ist der Igel
Dankbarkeit.

Wofür die Igel
sich bedanken? Für unsere
guten Gedanken.

Auf der Terrasse
spiegeln sich die Träume der
satten Igel.

Arici nr. 4:
„Iar hrană, în fine,
totul e bine. “

Paul: „De-ai ști
cine deschide cutiuța
n-ai da fuguța.“

În vremuri ca astea-i
o binecuvântare
mulțumita aricilor.

Pentru ce-i mulțumita
aricilor? Pentru
gândul nostru bun.

Pe terasă-și găsesc
oglindirea visele
aricilor sătui.

Spät saß der Igel
noch da. Da habe ich die
dritte Dose geöffnet.

Alles, was ich tun
kann: Die Igel
zu besättigen.

Der Igel Vertrauen
kann nur ein Unmensch
enttäuschen.

Nimm die Taschenlampe!
Nicht, daß du aus Versehen
auf die Igel trittst.

Mit der Laterne
suche ich nach
hungrigen Igeln.

Încă-i aici
ariciul. Deschid
cutia a treia.

Tot ce pot face-i
să satur
aricii.

Să înșele încrederea
unui arici
poate doar un neom.

Ia și lanterna,
zice Gudrun, să nu
calci pe arici.

Caut cu lampa
aricii
flămânzi.

Der Igel flitzt
wie ein geölter
Igelblitz.

Es witzt, wenn
ein Igel flitzt
wie ein Igelblitz.

Ein einfacher Igel
löst aus den
Gedankenblitz.

Katzenfutter – über-
standen ist dieser
schreckliche Sommer.

Die Igel genießen
die künstlerische Freiheit
mit Katzenfutter.

Dă fuguța aici
ca uns un arici
fulgurici.

E un sclipăt aici
când țâșnește deodată
Arici Fulgurici.

Un simplu arici
poate fi
fulgurici.

Aricii: „Cu Katzen-
futter trecurăm
vara cumplită."

Prin Katzenfutter
aricii-și câștigă
libertatea artistică.

Das Katzenfutter
macht die Igel zu freien
Künstlern.

Katzenfutter gewährleistet
die Freiheit
der Kunst.

Die Haikus haben
sich bei den Igeln
eingenistet.

Die Igel haben
sich in den Haikus
eingenistet.

Durch den Haiku
haben die Igel
eine Stimme.

Katzenfutter făcu
din arici
artiști liberi.

Katzenfutter asigură
libertatea artei
pentru arici.

Haiku-uri acum
își au cuib
la arici.

Aricii și ei
s-au cuibărit în
micul haiku.

În haiku și aricii
capătă
glas.

Ceaușescu hat Arici
Pogonici gewogen und
für zu leicht befunden.

Arici Pogonici hat
Ceaușescu gewogen und
für zu leicht befunden.

Die Igel haben auch
eine Igeliologie:
Katzenfutter.

Weise sprechen die Igel:
Erst kommt das Fressen
und dann die Moral.

Igel können Leistungen
besser einschätzen
als Menschen.

Pe Arici Pogonici
l-a găsit ușurel
tovarășul Cea…

Arici Pogonici
l-a găsit ușurel
pe tovarășul Cea…

Și Igel-aricii au
o igeliologie:
Katzenfutter.

Arici înțelepți:
„Întâi e mâncatul,
pe urmă morala."

Înfăptuirile-s
prețuite mai mult
de arici ca de oameni.

Katzenfutter
ist
Igelkraftstoff.

Igel würden
Katzenfutter
kaufen.

Katzenfutter macht
Igelkinder froh.
Erwachsene ebenso.

Guten Freunden gibt
man ein Mahl mit
Katzenfutter.

Ihr seid und bleibt
Igel! Vergeßt
das nicht!

Katzenfutter-ul e
combustibil
de-arici.

De ar putea
aricii ar cumpăra
Katzenfutter.

Arici fericiți
cu Katzenfutter.
Și nu doar cei mici.

La prietenii buni
pe masă le pui
Katzenfutter.

Sunteți și rămâneți
arici!
Nu uitați!

Vergeßt nicht: Igel
verfallen nicht
in Bequemlichkeit.

Die Igel werden
sich wieder auf ihre
Tugenden besinnen.

Die Dürre ist vorbei.
Ab jetzt gibt es nur noch
Halbpension.

Gudrun sagt: Dich haben
die Igel längst als
Ziehvater angenommen.

Der Igel Ronny
rennt, wenn er nicht
gerade pennt.

Să nu uitați:
aricii
nu-s trândavi.

După seceta cu
Katzenfutter aricii
revin la virtuți.

Gata cu seceta.
Arici, mai aveți doar
demipensiune.

Gudrun spune: Pe tine
de mult te-adoptară
aricii ca tată.

Ariciul Ronny
o șterge, de nu
cumva soilește.

Woran ich das
erkannte? Daran,
daß er rannte.

Spät am Abend kommt
der schüchterne Paul und macht
die Nachlese.

Die Igel glauben, die
Terrasse wurde wegen des
Katzenfutters erfunden.

Brot, Wurst, Fleisch, Salat,
Butter. Igelfutter,
zwei Paletten.

Auf der Terrasse
gibt es Katzenfutter.
Allerfeinste Sahne.

De unde știam
că e noul arici?
Fiindcă a șters-o.

Seara târziu vine
Paul cel rușinos
și linge totul.

Aricii-și închipuie
că terasa există
pentru Katzenfutter.

Pâine, carne, cârnați,
unt, salată. Igelfutter,
două platouri.

Pe terasă avem
Katzenfutter. Bucate,
bucate alese.

Auf der Terrasse
werden nur ganze
Dosen serviert.

Die Terrasse: Vorsicht!
Igel kreuzen
den Weg.

Die Igel stört es nicht,
wenn ich auf der Terrasse
sitze.

Der Abend ist milde
wie das Schmatzen der Igel
auf der Terrasse.

Die Igel sind ge-
sättigt gegangen. Auf der
Terrasse nun Stille.

Arici, pe terasa mea
nu se servesc
decât porții întregi.

Pe terasă. Atenție!
Aricii
trec drumul.

Nu-i deranjează
pe arici că-s și eu
aici, pe terasă.

Seara e blândă
ca hap-hap-ul aricilor
pe terasă.

Aricii s-au dus
sătui. Pe terasă
acum e liniște.

IOAN MILEA

către

(an)

HERBERT-WERNER MÜHLROTH

Aricii sunt iuți
și aduc
fulgurații.

Katzenfutter mănâncă
aricii visând,
visând șoricei.

Ah, Katzenfutter
cu aromă de șoareci!
exclamă aricii.

Aricii chiar cred
că „hrana de mâțe“
se face din șoareci?

N-ai alt argument
pentru mâțe, ariciule,
decât țepii.

Die Igel sind schnell
und bringen
Gedankenblitze.

Katzenfutter fressen
die Igel und träumen
von dicken Mäusen.

Ah, Katzenfutter
mit Geschmack nach Mäusen,
sagt der Igel.

Glauben die Igel
wirklich, Katzenfutter wird
aus Mäusen gemacht?

Die Katzen kannst du
nur mit deinen Stacheln
überzeugen, Igel!

Ce alt cadou
decât licărirea
aricilor sub stele?

Nu doar mănâncă
aricii sub stele:
licăresc.

Cât scrii despre ei
haiku-uri, aricii
nu vor șoricei.

Un pic ghemuiți
în noi înșine, scriem
haiku-uri cu-arici.

Aricilor mei
Katzenfutter de pace,
nu șoricei.

Ein Geschenk ist das
Funkeln der Igel unter
dem Sternenhimmel.

Unter dem Sternen-
himmel fressen die Igel
nicht nur, sie leuchten.

Solange du Haikus
über die Igel schreibst, dann
möchten sie keine Mäuse.

Ein wenig in uns
selbst gekehrt, schreiben wir uns
Haikus mit Igel.

Meine Igel lie-
ben Katzenfutter
mehr als Mäuse.

Paşnici mănâncă
arici
Katzenfutter.

Katzenfutter… Er ist,
zic aricii de Herbert,
ein Pazifist?

Katzenfutter… Er ist,
se întreabă aricii,
ein Pazifist?

Îşi zic doi arici
mâncând Katzenfutter:
Ne-om face pisici?

De-atâta secetă
iarba înţeapă
şi aricii.

Friedlich fressen die Igel
ihr
Katzenfutter.

Katzenfutter … Du bist,
sagen die Igel zu mir,
ein Pazifist?

Katzenfutter … Er ist,
fragen sich die Igel
ein Pazifist?

Die Igel fragen sich:
Werden wir zu Katzen
durch Katzenfutter?

Von soviel Dürre
sticht das Gras selbst
die Igel.

Vine iarna, da,
și haiku-ul cu-arici
va hiberna.

Herbert și eu
conversăm
pe-aricește.

De ne-ar pricepe,
dragă Herbert, măcar
aricii ariceasca!

Nu știm ariceasca
aricilor. Nu,
nici ei pe a noastră.

Herbert pe seară
omenește aricii
cu Katzenfutter.

Der Igelhaiku
wird gemeinsam mit den
Igeln überwintern.

Ioan und ich – wir
verständigen uns auch in
der Igelsprache.

Könnten doch unsere
Igel unsere Igel-
sprache verstehen!

Wir kennen nicht ihre
Igelsprache, sie
die unsrige nicht.

Abends bewirtet
Herbert seine Gäste,
die Igel.

Seară. Ești iar
pe terasa aricilor
bun Ospătar.

E lucru rar
să le fii, dragă Herbert,
la arici Ospătar.

Igelblitz iese iar
la terasă. Ești gazdă
și ospătar.

Ies la terasă
iar domnii arici.
Le ești ospătar.

Herbert, ce te faci
dacă domnii arici
vor și desert?

Abends, auf der
Terrasse bin ich der
Kellner der Igel.

Igel-Kellner
bedienen nur auf
der Terrasse.

Der Gastgeber und
Kellner wird entlohnt mit
einem Igelblitz.

Die Herren Igel
warten auf den
Kellner.

Was machst du, wenn
die Igel auch
Nachtisch wollen?

Doamne, ce viață!
Să nu existe
Igelfutter pe piață

Întrebare isteață
pentru Herbert: nu este
Igelfutter pe piață?

Aricii-n germană
(ciudat)
poți să-i mângâi.

Aricii-n română
(ciudat)
sunt mai aspri.

Nu, noi nu creștem
arici.
Cultivăm.

Herr, was für ein Leben!
Es gibt kein Igelfutter
auf dem Markt …

Schlaue Frage für Herbert:
Gibt es kein Igelfutter
auf dem Markt?

Seltsam:
Im Deutschen kann man
die Igel streicheln.

Im Rumänischen sind
die Igel stachliger.
Seltsam.

Nein, wir züchten
keine Igel.
Wir verfeinern.

Ce face Herbert
când nu-și hrănește aricii?
Scrie despre ei.

Mai întâi își hrănește
aricii, pe urmă
scrie despre ei.

Ora 3 noaptea
și tu scrii
de arici.

Unul ca toți
sunt aricii
în noapte.

Latră un câine
în noapte. Oare
la un arici?

Wenn du deine Igel
nicht fütterst, dann
schreibst du über sie.

Zuerst fütterst du
deine Igel und dann
schreibst du über sie.

Drei Uhr nachts und du
schreibst
über Igel.

Nachts sind
alle Igel gleich
grau.

Hundegebell in der Nacht.
Vielleicht ist
da ein Igel?

Ne-am aricit
un pic? Nu-i nimic!
Așa *venceremos*!

Ne-am aricit
un pic? Nu-i nimic!
Așa omeni-ne-om.

Te faci ghem și înțepi.
Și mai zici
de arici?

Ghem când se face
vrea să împace
rotunjime și ace.

Ghem când se face
își arată splendoarea:
rotunjimea de ace.

Haben wir uns
ein wenig igelisiert?
Macht nichts! *Venceremos*!

Wir haben uns ein wenig
igelisiert? Macht nichts! Es
macht uns menschlicher.

Du stichelst und schimpfst
über der Igel
Stacheln.

Wenn er sich einigelt,
bilden seine Stacheln
einen Kreis.

Wenn er sich einigelt,
zeigt er die ganze Pracht
seiner Nadeln.

Atât i-s de dragi
că nu-i vine ușor
să îi treacă-n simbol.

Nu ți-e ușor
să-i hrănești pe arici
și să-i treci în simbol.

Herbert, tu știi
două limbi aricești:
îi hrănești, dar și-i scrii.

În aricească
Herbert știe să scrie,
dar și să hrănească.

Cu arici tu doar scrii.
Herbert, hrănindu-i,
poate vorbi.

Sie sind ihm ans Herz
gewachsen. Nicht leicht fällt´s
ihm, sie zum Symbol zu erheben.

Ist es leicht, die Igel
zu füttern und sie zum Symbol
zu erheben?

Zwei Igelisch-
Dialekte sprichst du:
Essen und Schreiben.

Auf Igelisch kann
ich sie füttern aber auch
über sie schreiben.

Du schreibt bloß über
Igel. Herbert spricht mit
ihnen beim Füttern.

Vai, ce nedrept ești!
El hrănește aricii,
tu doar povestești.

Ioane, șoptește
Herbert, tu doar
scrii aricește.

Ioane, ușor
mai vorbești. Nu ți-e milă
să îi treci în simbol?

Te simți arici
când le cumperi în taină
hrană de pisici?

Aricii: O, Mutter
Natur, am ajuns
să mâncăm Katzenfutter!

Wie ungerecht du
bist! Er füttert Igel und
du erzählst bloß.

Ioan, flüstert
Herbert, du schreibst bloß
auf Igelisch.

Ioan, du hast leicht reden.
Hast du kein Mitleid, sie zum
Symbol zu erheben?

Fühlst als Igel du dich,
wenn du heimlich Katzen-
futter kaufst?

Igel: Oh, Mutter
Natur, wir sind ans Katzen-
futter gekommen!

Dar ce, șoriceii
nu-s tot Katzenfutter?
zice Omul Nou.

Și acuma ce vrei?
Să le prindă Herbert
la arici șoricei?

De când îi hrănește,
Herbert vorbește
un pic aricește.

Aricii-n bătaia
lanternei lui Herbert
nici nu tresar.

Din aricească
am tradus
omenește.

Was, sind die Mäuse
denn kein Katzenfutter?
sagte der Neue Mensch.

Was denn noch? Soll
Herbert für die Igel auch
noch Mäuse fangen?

Seit du sie fütterst,
sprichst du ein wenig
Igelisch.

Im Schein der Taschen-
lampe zucken die Igel
nicht einmal.

In meiner Sprache
klingt das Igelische
menschlich.

Herbert, deprinzi
ariceana
hrănindu-i.

Intraductibilă
pe veci ariceana.
Totuși, *nachdichten*...

Cel mai sensibil
din arici poate simte
haiku-ul în aer.

Nu știm de nu
simt în aer aricii-
poeți un haiku.

Simt oare licăr
pe ace sub lună
aricii sensibili?

Herbert, wenn du die
Igel fütterst, dann lernst
du bald Igelisch.

Unübersetzbar
ist Igelisch in Ewigkeit.
Dennoch Nachdichten …

Der Sensibelste unter
den Igeln wittert
im Wind den Haiku.

Spüren die Igel-
Dichter den Haiku auch
in der Luft?

Spüren unterm Mond
die sensiblen Igel ein
Funkeln, ein Blitzen?

Cum să nu dai
Katzenfutter în schimbul
inspirației?

Herbert, cum să
nu dai Katzenfutter
pentru haiku?

Pentru un pic
de Katzenfutter
aricii inspiră.

La Katzenfutter
aricii răspund cu
inspirație.

Mărinimie
de arici: primesc hrană,
dăruiesc poezie.

Katzenfutter
gegen Inspiration –
wie nicht?

Katzenfutter
für den Haiku –
wie nicht?

Für ein wenig
Katzenfutter geben die
Igel Inspiration.

Auf Katzenfutter
antworten die Igel
mit Inspiration.

Edelmut der Igel:
Sie bekommen Futter
und schenken Lyrik.

Dreptate să fie
să dai Katzenfutter
pe poezie?

Pe Katzenfutter
dau
Igeldichtung.

Ghem când se face
vrea să împace
rotunjime și ace.

Aricii-poeți
simt pe ace
lumini.

În constelații
de haiku-uri,
arici.

Ist es recht, Katzenfutter
gegen Lyrik
einzutauschen?

Sie geben uns Igel-
dichtung im Austausch gegen
Katzenfutter.

Wenn er sich einigelt,
finden seine Stacheln
Frieden.

Auf den Nadeln
fühlen Igel-Dichter
Lichter.

In des Haikus
Konstellationen findest
du – Igel.

Adastă un pic
în haiku
un arici.

Gedankenblitz
adus înspre rimă
de arici.

O mâță-i aruncă
priviri înțepate
unui arici.

În comunism
și un arici
era comunici.

Sub comunism
aricii: mai ghem,
țepii mai țepeni.

Der Igel rastete
ein wenig
im Haiku.

Gedankenblitz
gereimt auf
Igelblitz.

Die Katze wirft
stacheligelige Blicke
auf den Igel.

Im Kommunismus
war auch ein Igel
igelistisch.

Im Kommunismus,
die Igel: Noch eingeigelter,
die Stacheln stachliger.

Îl cheamă aici
pe arici
Fulgurici.

Pe Arici Pogonici
în haiku-uri îl cheamă
Arici Fulgurici.

Arici Pogonici
se făcu pentru noi
Arici Fulgurici.

Arici Pogonici
de departe e rudă cu
Arici Fulgurici.

Ce scriem aici
e de fapt în memoria
lui Arici Pogonici.

Die Igel von hier
nennt man
Igelblitze.

Arici Pogonici
heißt hier im Haiku
Igelblitz.

Aus Arici Pogonici
wurde für uns
ein Igelblitz.

Arici Pogonici –
ein entfernter Verwandter
des Igelblitzes.

Wir schreiben hier
im Gedenken an
Arici Pogonici.

Harnic e-aici,
pe pogonul lui Herbert,
Arici Pogonici.

Noaptea se lasă
cu arici
pe terasă.

Noaptea se lasă.
Stelele sus,
arici pe terasă.

Vorbim de arici
și-s mai mult
ca aricii.

De nu ar fi nici
poezii cu arici
in dürftiger Zeit...

Fleißig ist in
Herberts Garten
Arici Pogonici.

Die Nacht kommt
mit den Igeln
auf die Terrasse.

Auf der Terrasse –
Nacht: Oben die Sterne,
unten die Igel.

Wir sprechen von Igeln.
Dennoch: Sie sind viel mehr
als nur einfach Igel.

Wenigstens haben
wir Igeldichtung
in dürftiger Zeit …

Herbert-Werner Mühlroth

Geboren 1963 in Jimbolia, Rumänien. Dichter, Essayist, Übersetzer. Gedichte: *Nachtlaub* (2009); *Der Mond tanzt Tango* (2012); *Gedankenblitze und Spiegelungen / Fulgurări şi refulgurări* (in Zusammenarbeit mit Ioan Milea, 2018). Prosa: *Narr in Trance* (2014); *Tod des Meisters* (2016); Die *Geschäfte des Herrn Joseliani* (2016). Essays: *Das Verhehrende an Tirol* (2016); *Über einige meiner Autoren* (2017). Biographisches: *Eine Eisenbahn in meinem Traum. Meine Flucht aus dem kommunistischen Rumänien* (2014); *SRR – 86. Aufzeichnungen während einer Reise in die Sozialistische Republik Rumänien.* Übersetzungen aus den Werken von Doina Uricariu und Reiner Kunze.

Născut în 1963 la Jimbolia, România. Poet, eseist, traducător. Poezie: *Nachtlaub* (*Frunzişul nopţii*, 2009), *Der Mond tanzt Tango* (*Luna dansează tangou*, 2012); *Gedankenblitze und Spiegelungen / Fulgurări şi refulgurări* (in Zusammenarbeit mit Ioan Milea, 2018); . Proză: *Narr in Trance* (*Nebun în transă*, 2014); *Tod des Meisters* (*Moartea Maestrului*, 2016); *Geschäfte des Herrn Joseliani* (*Afacerile domnului Joseliani*, 2016). Eseuri: *Das Verhehrende an Tirol* (*Măreţia Tirolului*, 2016), *Über einige meiner Autoren* (*Despre câţiva dintre autorii mei*, 2017). Scrieri biografice: *Eine Eisenbahn in meinem Traum. Meine Flucht aus dem kommunistischen Rumänien* (*Un tren în visul meu. Fuga mea din România comunistă*, 2014); *SRR – 86. Aufzeichnungen während einer Reise in die Sozialistische Republik Rumänien* (*RSR – 86. Însemnări din timpul unei călătorii în Republica Socialistă România*). Traduceri din opera Doinei Uricariu şi a lui Reiner Kunze.

Ioan Milea

Născut în 1958 la Turda, România. Poet, eseist, critic literar şi traducător. Volume de versuri: *Seară cu Dante şi alte poeme*, 1996; *Recviem în mai*, 2007; *Despre Brâncuşi*, 2007; *Florilegiu*, 2008; *Fulguraţii I–VI*, 2010–2018; *Gedankenblitze und Spiegelungen / Fulgurări şi refulgurări* (in Zusammenarbeit mit Herbert-Werner Mühlroth, 2018). Eseuri şi critică literară: *Lecturi bacoviene şi alte eseuri*, 1996; *Sub semnul poeziei*, 1999; *Brevilocviu*, 2013. A tradus, între altele, din opera lui Rudolf Otto, Romano Guardini, Giuseppe Tucci, Theophil Spoerri, Vincenzo Cardarelli, Reiner Kunze.

Geboren 1958 in Turda, Rumänien. Dichter, Essayist, Literaturkritiker, Übersetzer. Gedichte: Seară cu Dante şi alte poeme (Abend mit Dante und andere Gedichte, 1996); Recviem în mai (Requiem im Mai, 2007); Despre Brâncuşi (Über Brâncuşi, 2007); Florilegiu (Blütenlese, 2008); Fulguraţii I–VI (Gedankenblitze I–VI, 2010–2018); Gedankenblitze und Spiegelungen / Fulgurări şi refulgurări (in Zusammenarbeit mit Herbert-Werner Mühlroth, 2018). Essaysammlungen und Literaturkritik: Lecturi bacoviene şi alte eseuri (Bacovia-Lektüren und andere Essays, 1996); Sub semnul poeziei (Unter dem Zeichen der Dichtung, 1999); Brevilocviu (Breviloquenzen, 2013). Übersetzungen aus den Werken von Rudolf Otto, Romano Guardini, Giuseppe Tucci, Theophil Spoerri, Vincenzo Cardarelli, Reiner Kunze.

INHALT / CUPRINS